Illisibilité partielle

VALABLE POUR TOUT OU PARTIE
DU DOCUMENT REPRODUIT

1. Armateurs et marins bretons d'autrefois. — Un voyage au long-cours au commencement du 18e siècle : de Brest aux îles françaises d'Amérique.

2. Les premières courses de Duguay-Trouin.

3. Les comptes C. M. de Balleroy, chef d'escadre (Brest, 1776-1780).

4. Lettres inédites de Th. M. Laennec.

5. Révolte d'écoliers au collège de Vannes (18e s.)

6. Le procès de Louis XVI et la Révolution du 31 mai, d'après des lettres inédites de Bôlard, député de Brest à la Convention nationale.

7. Le meurtre et le Cannibalisme rituels.

8. Aperçu général de la Criminalité en France.

9. Notes et réflexions sur la Justice criminelle en France : à propos de l'affaire Anastay.

8° Z
14929

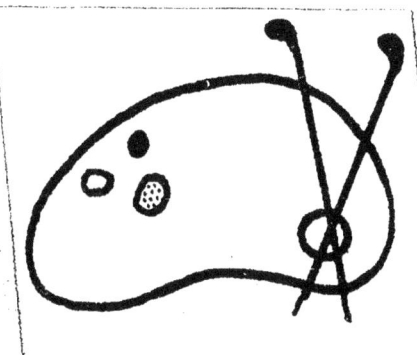

Début d'une série de documents en couleur

ARMATEURS
ET
MARINS BRETONS D'AUTREFOIS

UN VOYAGE AU LONG-COURS
AU COMMENCEMENT DU XVIIIe SIÈCLE
(De Brest aux Iles françaises d'Amérique)

PAR

Dr A. CORRE

VANNES
IMPRIMERIE LAFOLYE
—
1897

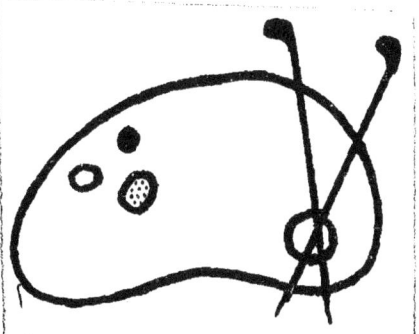

Fin d'une série de documents en couleur

ARMATEURS
ET
MARINS BRETONS D'AUTREFOIS

UN VOYAGE AU LONG-COURS
AU COMMENCEMENT DU XVIIIe SIÈCLE
(De Brest aux Iles françaises d'Amérique).

PAR

Dr A. CORRE

VANNES
IMPRIMERIE LAFOLYE
—
1897

ARMATEURS ET MARINS BRETONS D'AUTREFOIS

UN VOYAGE AU LONG-COURS AU COMMENCEMENT DU XVIIIe SIÈCLE
(*De Brest aux îles françaises d'Amérique*).

L'histoire maritime ne raconte guère que les institutions, les gloires et les revers de la marine militaire. Elle n'a pas daigné ouvrir son livre à la marine marchande, ou, si elle lui a consacré quelques pages, à propos de nos grands établissements coloniaux, ce n'est que pour relever le côté guerrier de l'occupation ; de nos corsaires même, elle a très peu parlé. Il semble que, sur ce domaine particulier, comme sur le domaine général des annales françaises, les écrivains aient obéi à une sorte de mot d'ordre, de tout faire graviter, dans le développement de nos institutions, dans l'évolution des événements, autour de certaines catégories, de certaines familles, de certaines individualités. Et pourtant, l'âme nationale ne résidait pas uniquement dans une fraction restreinte de la population ; elle mouvait, dans le peuple et dans la bourgeoisie, mille bras actifs et intelligents qui étaient les principaux instruments de la richesse et de la puissance du royaume. Colbert l'avait compris. Elevé d'un humble comptoir jusqu'au sommet d'un ministère, anobli, il resta au fond du cœur et plus encore par le cerveau l'homme de sa caste originelle : s'il créa notre marine militaire, ce fut surtout avec l'intention de la faire servir à l'essor d'une marine marchande rivale de celles de l'Angleterre, de la Hollande et de l'Espagne. Nos colonies, sous son impulsion, achèvent de s'organiser et s'étendent : elles alimentent le commerce métropolitain et s'alimentent par lui. La navigation au long cours se régularise, augmente dans des proportions remarquables, école de hardis et habiles capitaines, école de rudes marins, les uns et les autres aptes à rendre les meilleurs services à bord des navires du Roi ou des vaisseaux corsaires, mais surtout à réaliser les conceptions des gros armateurs, pour la prospérité de nos ports et du royaume.

Ils sont dignes de sortir de l'ombre, ces marins marchands, qu'on n'a salués jusqu'ici que sous le titre de corsaires. Corsaires, ils ont fait preuve de leurs moindres qualités, capitaines sans valeur technique bien souvent, plus riches d'audace que de capacité professionnelle ; matelots sans continuité d'élan, stimulés par l'appât d'un gain vite acquis, abandonnant le métier après deux ou trois mois de campagne. Au contraire, le vrai marin marchand est le type accompli de l'homme de mer, aux qualités morales si belles, à l'endurance si prodigieuse. Les traversées sont longues et pénibles ; elles exposent à des dangers de toutes natures : il faut savoir supporter les ennuis et les fatigues avec une maigre pitance, l'absence de tout reconfort, être à chaque moment prêt à lutter contre les violences du vent et des flots, avec un navire parfois très défectueux, mal caréné, sans agrès de rechange, ou contre des ennemis, corsaires ou forbans, avec un armement très réduit, l'infériorité ordinaire du nombre. Dans les colonies, il y a les durs travaux de décharge et de recharge à exécuter sous un soleil de feu ; l'on vit sous la menace incessante des maladies les plus graves, fièvres de marécages, dysenterie, scorbut, fièvre jaune. L'armement fait bien les frais, pour se conformer à l'ordonnance, d'un aumônier, qui tâchera d'adoucir les souffrances de l'âme par l'éveil des sentiments religieux, d'un chirurgien qui s'efforcera de calmer ou de guérir les souffrances physiques par les moyens de son art ; mais l'un et l'autre, trop fréquemment, ne sont pas recrutés parmi une élite, dont le zèle et la valeur intrinsèque assurent aux équipages le plein bénéfice de leurs utiles fonctions. Au capitaine, la tâche immense, sur le point d'espace où il est renfermé, de conserver le navire aussi intact que possible, et les hommes dans un état suffisamment bon d'esprit et de corps ; de sauvegarder les intérêts de l'armateur au milieu des difficultés qui peuvent surgir à chaque instant pour les entraver. Combien lourde est sa responsabilité ! Il n'a pas seulement à conduire un bâtiment, à prévenir les périls qui le peuvent assaillir et à le défendre contre eux au prix du moindre dommage à inscrire au compte de l'armement ; il doit être initié aux détails du négoce, savoir vendre et acheter les marchandises les plus variées dans les centres d'affaires les plus diversifiés. Il est l'homme de confiance sur l'habileté et la vigilance duquel une maison laisse reposer sa fortune. Vis-à-vis de son équipage, formé d'hommes de toutes provenances, français et étrangers (les règlements lui permettant d'admettre ceux-ci pour un tiers), gens aux habitudes brutales, il ne saurait obtenir l'obéissance et la discipline qu'à la condition d'employer les sévérités avec tempérament ; il ne peut même compter sur son monde qu'en s'imposant à lui par un ferme esprit de justice, la bonté unie à l'énergie, le savoir-faire et la démonstration quotidienne de sa valeur professionnelle. Sous ce dernier rapport, le capitaine marchand apparaît d'emblée supérieur à la plupart des capitaines corsaires : ceux-ci peuvent être choisis, au gré des armateurs, parmi de simples matelots ; l'officier long-courrier n'est reçu à commander qu'après avoir obtenu un brevet d'aptitude.

Pour montrer ce qu'étaient de tels hommes, quels devoirs et quelles obligations multiples ils avaient à remplir, quels services ils rendaient au commerce, je puiserai au hasard dans les archives d'une amirauté de la province de Bretagne. Dans notre région, les types accomplis du capitaine au long-cours foisonnent, et il n'est pas besoin de les aller chercher dans nos plus grands ports marchands. Voici, par exemple, un capitaine distingué, sorti d'une ancienne famille d'armateurs, établie à Brest : Gabriel Legac, le dernier fils de noble homme Yves Legac, sieur de Larmorique, « capitaine de la ville », et maire de Brest, de 1691 à 1693, et de demoiselle Anne Hubac (une fille de commerçant). Il a été baptisé le 30 novembre 1678, dans la petite chapelle de Notre-Dame-de-Recouvrance[1] et a eu pour parrain messire Gabriel de Kerven, « capitaine de marine ». Le s^r de Larmorique avait déjà deux fils, l'aîné, Yves, qu'il gardera avec lui et formera à son école, dans l'espoir de lui remettre un jour le gouvernement de sa maison, un autre, Charles, aussi dirigé vers le commerce, et que son père éta-

---

[1] Elevée par les seigneurs du Châtel, qui avaient juridiction sur Recouvrance.

blira plus tard à Nantes. Les occupations ne manquaient pas au chef de la famille et des enfants devenaient, avec l'âge, de précieux auxiliaires. La maison se livrait à des entreprises de fournitures diverses pour la marine, elle faisait un commerce assez considérable par bâtiments caboteurs avec les ports voisins et jusqu'à la Rochelle et Bordeaux ; elle tint bientôt l'un des premiers rangs parmi les armateurs les plus en vue, à côté des Bedoye, des Bordenave, des Saupin, etc. Il ne faudrait pas juger de l'importance commerciale de Brest, à cette époque, d'après le mouvement que l'on y constate aujourd'hui (à peine un ou deux armements au long-cours chaque année, et encore !) De nombreux armateurs rivalisaient d'entrain dans la construction ou l'achat de navires destinés à la course ou aux opérations lointaines. Le port marchand répondait à cette partie du port de guerre actuel, qu'on nomme l'avant-port ; il s'étendait, entre les deux rives de la Penfeld, sous le Château, jusqu'à la hauteur de la maison du Roi (ancienne Intendance).[1] Très resserré, il était le centre de la plus grande activité ; les bâtiments de cabotage s'y pressaient nombreux, à côté des bâtiments longs-courriers de toutes dimensions. C'était un va-et-vient perpétuel de canots et de barques, un mouvement incessant, encore accru, de temps à autre, par l'arrivée et la sortie des navires de guerre. Les quais, principalement du côté de Recouvrance, étaient encombrés de marchandises et de matériaux ; on y débarquait du vin et du bois, destinés à la consommation de la ville ; on y chargeait beaucoup de futailles à destination de Nantes et de Bordeaux. Sur les cales, on radoubait les embarcations, et, dans un endroit appelé *la Fosse*, à proximité de la chapelle de Notre-Dame, le maître charpentier-calfat juré de l'amirauté mettait en carène les bâtiments marchands, suivant son privilège. Les gros commerçants avaient leurs magasins non loin des quais ; on ne voyait qu'hommes affairés, marchands veillants à l'embarquement ou à la décharge des cargaisons, marins se rendant à leurs bords, ou heureux de venir passer leurs loisirs à terre, ouvriers aux mains noires de goudron ; mille

---

[1] Dès 1697. la question de la création d'un port marchand sous le Château, du côté de la rade, presque au même lieu où il a été établi depuis, avait été agitée. Vauban avait soumis un projet que la Cour écarta sous divers prétextes.

cris s'entrecroisaient, et, aux jours de marchés, ce brouhaha devenait assourdissant. Les disputes étaient fréquentes, entre les bateliers du passage et leurs passagers, dans les cabarets (déjà trop nombreux), sur la petite place au devant de la chapelle, rendez-vous des regratières et des poissonnières qui attendaient là les denrées à emporter. Les sergents de police avaient fort à faire pour maintenir un peu d'ordre. Les curieux et les désœuvrés aimaient à se promener sur ces quais bigarrés : les uns étaient sûrs d'y rencontrer toujours une distraction, les autres quelques connaissances avec lesquelles on pouvait deviser sur les événements du jour, raviver d'anciens souvenirs de course ou d'expéditions lointaines. Le jeune Le Gac, comme tous les enfants, devait souvent accourir vers ces lieux, jouir de leur bruyance et de leur pittoresque mouvement : il s'initiait inconsciemment aux choses de la mer, et peut-être y prit il de bonne heure un goût particulier, à la suggestion de son parrain. Le père, sans doute, ne vit point d'un mauvais œil naître et se développer des tendances susceptibles d'être dirigées au plus grand profit de sa maison : il devinait dans l'enfant le futur capitaine, qui pourrait, mieux qu'aucun autre, prendre en main la conduite d'opérations fructueuses jusque dans nos colonies et aider puissamment à l'extension d'un comptoir déjà très en relief.

Gabriel fut donc marin.

C'est en 1704, que je trouve la première mention d'un commandement donné à Gabriel Legac. Il est alors âgé de près de 26 ans ; il a subi les examens que l'ordonnance de 1681 réclame de tous les candidats au brevet de capitaine au long-cours, après cinq années de navigation[1]. Il est en pleine vigueur de jeunesse et déjà doué d'expérience ; il va s'initier sans effort au difficile métier de maître

---

[1] L'ordonnance sur la marine du mois d'août 1681, livre 2, Tit. 1, art. 1ᵉʳ dit : « Nul ne pourra être reçu capitaine, maître ou patron d'un navire, qu'il n'ait navigué pendant cinq ans et n'ait été examiné publiquement sur le fait de la navigation, et trouvé capable, par deux anciens maîtres, en présence des officiers de l'amirauté et du professeur d'hydrographie, s'il y en a dans le lieu. »

Le règlement du 15 août 1725 est plus explicite : les candidats ne pourront être admis à l'examen que s'ils sont âgés de 25 ans, s'ils justifient de 5 années de navigation sur les bâtiments marchands, et de deux campagnes, chacune d'au moins trois mois, sur les vaisseaux du Roi.

de navire,sur la frégate le *Saint-Yves*, armée par son père,au port de Brest, à destination des îles d'Amérique. Les voyages de ce genre sont toujours périlleux : l'on est dans une période de guerre ; mais, même durant la paix, les mers des Antilles sont sillonnées par des flibustiers audacieux, de toutes nationalités, contre lesquels on peut avoir à se défendre. Les navires de commerce, qui ne veulent pas se soumettre aux exigences des convoyages, sont de force et munis d'une commission spéciale, dite *en guerre et marchandises* ; cette permission permet aux capitaines d'attaquer et de capturer les bâtiments ennemis ou suspects qu'ils rencontreront au cours de leurs opérations commerciales, et quelquefois elle comporte l'autorisation formelle, ces dernières terminées, d'accomplir une période de *course* de 3 à 4 mois, en des parages déterminés, avant le retour en France. Le *Saint-Yves* est bien choisi pour la mission à laquelle son propriétaire le destine. C'est un bâtiment léger, d'assez fort tonnage (250 tonneaux, 12 pieds de tirant d'eau), aménagé pour recevoir les marchandises qui ont le meilleur débit aux îles (des salaisons, du vin, de l'eau-de-vie, des toiles, etc.), armé de 20 canons et de quatre pierriers, pourvu de menues armes en nombre suffisant (40 mousquets, 24 sabres). L'équipage comprend 77 hommes, tous dans la force de l'âge, la plupart recrutés dans la région bretonne ; il n'y a d'autres officiers majors, à la suite du capitaine, qu'un lieutenant, un aumônier et un chirurgien ; mais les officiers mariniers de diverses catégories sont en proportion assez notable :

Officiers majors : Gabriel Legac, capitaine, de Brest.
    Thomas Chevalier, lieutenant, du Croisic, 38 ans.
    Le R. P. Broon, aumônier.
    Jean La Coste, chirurgien, du Béarn, 30 ans.

Officiers mariniers : Nicolas Le Roy, maître, de Recouvrance, 42 ans.
    Guillemois, pilote, de Paimbœuf, 32 ans.
    François Fouchés, de Paimbœuf, 2ᵉ pilote, 29 ans.
    Claude Hilion de Recouvrance, canonnier, 36 ans.
    Louis Alègre, de Marseille, capitaine d'armes, 33 ans.

Yves Olivier, de Recouvrance, charpentier, 36 ans.
André Chastagne, de Recouvrance, 2° maître, 42 ans.
Slearconstant, de Marseille, bosseman, 29 ans.
Lefèvre, du Havre, patron de chaloupe, 37 ans.
Le Morellec, de Pontcroix, patron de chaloupe, 29 ans.
Le Dréau, de Brest, voilier, 29 ans.
François Cupin, de Quilbignon, calfat, 26 ans.
Le Goascos, de Roscanvel, 2° canonnier, 29 ans.
Pedeau, de Pont-Labbé, 2° chirurgien, 17 ans.
Doulon, de Paimbœuf, tonnelier, 29 ans,

Matelots : tous entre 20 et 30 ans, le plus grand nombre de Brest ou de ses environs, les autres de Nantes, du Havre, etc.

Sur ce premier voyage, je ne possède aucune relation. Il fut sans doute heureux, car en 1708, le sieur de Larmorique, prépare un nouvel armement, beaucoup plus considérable, pour les îles d'Amérique, sous le commandement du même capitaine[1]. Le 17 septembre, il déclare à l'amirauté que propriétaire de la frégate la *Vierge-Marie*, « cy devant nommée l'*Andromède* », d'environ 300 tonneaux, armée de 30 pièces de canon, il a l'intention de mettre ce navire en charge pour l'envoyer aux îles françaises de l'Amérique et d'en confier le commandement à son fils Gabriel Legac, « passé qu'il aura plu à sa Majesté lui accorder un passeport à ce sujet. »

La requête est accueillie. Le 8 mai 1709, le passeport sollicité et obtenu est enregistré au greffe de l'amirauté. Je le reproduis comme document.

[1] Entre ces deux voyages, le sieur de Larmorique avait projeté :
1° Un armement pour les colonies espagnoles d'Amérique, en société avec le sieur Bedoye ;
2° Un armement pour la traite des Nègres sur la côte de Guinée et le transport d'un convoi d'esclaves aux îles françaises d'Amérique.
Ce dernier n'eut pas lieu faute d'une entente avec la compagnie de l'Assiente, qui avait le privilège de la traite à la côte de Guinée. (Archives de l'Intendance de la marine de Brest.)

De par le Roy,

A notre très cher et très amé fils Louis-Alexandre de Bourbon, comte de Toulouse, amiral de France, aux vice-amiraux, lieutenants généraux de nos armées navales, cheffs d'escadres, capitaines de nos vaisseaux, gardes côtes et des vaisseaux de nos subjects, gouverneurs de nos villes et places maritimes, officiers de l'amirauté et tous autres nos officiers et subjects qu'il appartiendra, Salut. Ayant permis à Gabriel Legac, commandant le navire La Vierge Marie, du port de 3oo thonneaux ou environ, armé de 3o canons, estant à présent dans notre port de Brest, d'aller avec son équipage composé de mathelots novices et invalides[1] dans nos isles de l'Amérique, même en celles de Cayenne, la Tortue et coste Saint-Domingue, avec son dit navire chargé de telle quantité et qualité de marchandises et denrées et tel nombre d'ouvriers, engagés et passagers que bon luy semblera, pour traitter avec les habitants desdites isles, où le dit capitaine rechargera les marchandises et denrées qu'il y traittera à son compte ou à fret, à condition qu'il sera embarqué sur ledit vaisseau 6 engagez et 6 fusils boucaniers de bonne qualité, faits par des maîtres arquebusiers, lesquels seront vendus aux habitants desd. îles à raison de xxx l. chacun[2], de ne pas charger aucunes farines qu'après en avoir déclaré la quantité aux officiers de l'amirauté, qui nommeront un huissier ou autre personne de confiance pour en voir faire l'embarquement et dellivrer un certificat contenant la quantité et la destination, pour estre vérifié à la Martinique par notre Gouverneur général ou intendant et dans les autres isles ou pays par nos gouverneurs ou écrivains principaux qui y seront, et où il n'y a point d'écrivains, par nos lieutenants ou majors; de faire dans le mois de may prochain son retour dans notre port de Nantes ou autres de notre royaume permis, à l'exception des autres ports de Bretagne et ceux de Dunkerque et Marseille, et de païer après le retour les droits deüs des marchandises qu'il rapportera quittes de fret ; touttes ces conditions aux paines portées par nos règlements et

[1] Les matelots classés et bien valides, en temps de presse, sont tous retenus pour le service du Roi.

[2] Noter cette condition. Elle avait pour but d'entretenir en force les éléments blancs de la population coloniale (l'engagé devait servir trois ans un colon et, au bout de ce temps, il devenait colon lui-même, obtenait une concession de terres), d'assurer l'armement d'une catégorie d'habitants très braves, aptes, en raison de l'exercice continuel de la chasse, à rendre les plus utiles services en cas de guerre, les boucaniers (les fusils boucaniers, très longs, un peu lourds, étaient d'excellentes armes d'affût, redoutables entre les mains d'un tireur abrité ; les flibustiers en faisaient usage à leurs bords).

ordonnances rendues sur ledit commerce desd. isles, et sera pour assurer l'exécution desd. conditions donné par le sʳ capitaine ou propriétaire dud. vaisseau bonne et suffisante caution, qui ne sera déchargée qu'en rapportant certificat en bonne forme de l'exécution d'icelles, nous voulons et vous mandons de faire passer et repasser ledit vaisseau sans aucuns empêchements, au contraire que vous lui prêtiez toutte l'assistance requise et nécessaire, car tel est notre plaisir. Donné à Versailles le xxliij° jour de septembre 1708. Signé Louis, et plus bas, par le Roy, signé Phelypeaux, et à costé sont les armes de Sa Majesté.

Au pied, on lit le congé accordé par l'amiral, en conséquence du passeport, à Gabriel Legac, « maître et capitaine de la *Vierge-Marie*, » pour l'armement et l'équipement de son navire. Je n'ai pas retrouvé le rôle de l'équipage, qui était de 130 hommes ; mais on peut se faire une idée de sa composition probable d'après celui du *Saint-Yves*. Le chargement consistait en viandes salées, farines, vins et eau-de-vie, étoffes, marchandises diverses, tant pour le compte du sʳ de Larmorique que pour celui de plusieurs négociants affréteurs.

Le capitaine a fait viser son rôle d'équipage par le commissaire des classes, avant de le présenter aux officiers de l'amirauté. Il a signé, à côte du premier, la formule imprimée qui accompagne le rôle, formule d'après laquelle tout maître de navire s'engage à avoir soin de son monde pendant la route, à en rendre fidèle compte au retour, à avertir les officiers des classes et les consuls français de son arrivée dans les ports où il abordera ; à « ne laisser en nul endroit aucun homme de son équipage à terre, pour quelque raison que ce soit hors d'une extrême maladie et en le consignant avec ses hardes et un mois de plus que ce qui lui sera dû pour la solde à l'officier des classes et, à son défaut, à tel autre officier du lieu qui se trouvera ayant l'autorité du Roy, pour en avoir soin et le renvoyer dans son département.... ; à rapporter les certificats des curez des lieux légalisez pour ceux qui sont morts à terre...., » avec l'inventaire de leurs effets, etc. Il a reçu et serré dans quelque cassette, à son bord, les ordres et instructions de l'armateur ; la facture des marchandises prises en charge, les connaissements des affréteurs, un double de la police d'assurance souscrite par l'armateur-propriétaire du navire, les actes des engagés qu'il transporte[1], le passeport et le congé qui donnent à sa mission le caractère légal. Sans doute aussi, il n'a eu garde d'oublier le certificat du bureau de santé, attestant qu'au départ il ne régnait à Brest aucune maladie contagieuse (si les ports français prennent des précautions contre la peste et le mal de Siam ou fièvre jaune, les îles tiennent à se bien garder contre les importations suspectes de la métropole).

Tout est prêt pour le départ. La *Vierge-Marie* est sur rade : elle n'attend plus qu'une brise favorable. Celle-ci se lève, le navire détache l'ancre, largue ses voiles et s'élance au travers du Goulet vers l'Océan, *à la grâce de Dieu.*

C'est le 15 mai 1709 que s'effectue la sortie de la frégate.

Le 19, encore non loin d'Ouessant, elle rencontre un corsaire de Flessingue de 30 canons et ne peut éviter le combat : elle se tire d'affaire après une perte de cinq hommes (elle compte en outre une douzaine de blessés).

Le 16 juin, arrivée à la Martinique ; la *Vierge-Marie* y laisse quelques marchandises et, le 22, reprend la mer. Elle longe la côte de Caraque (Caracas), fait rencontre de deux « bâteaux » hollandais

---

[1] J'emprunte au dossier d'un autre armement (le *Pélican*, de la Rochelle, armé pour Saint-Domingue en 1708) la formule d'un acte d'*Engagé*.

« Par devant le notaire royal à la Rochelle a esté presant en sa personne Jean Gaspard Le Vasseur garçon de service natif de la ville de Paris, âgé de 20 ans ou environ, ayant 4 pieds et demy de hauteur. lequel s'est vollontairement engagé par ces presantes audit sieur Jean Chauvet capitaine du navire le *Pellican* de la Rochelle, acceptant pour l'aller servir ou autres le représentant à la coste de Saint Domingue en touttes choses raisonnables qui luy seront commandées pendant 3 années consécutives, qui commenceront au moment que led. engagé mettra pieds à terre audit pays et sera en estat de servir. durant lequel temps il sera nourry logé et deffrayé de son passage en allant seullement, et pour y parvenir a recognu s'estre vollontairement embarqué sur ledit navire. ces presantes faites, moyennant 300 livres de sucre pour lesdittes 3 années de service payable audit engagé aud. pays à l'expiration d'icelles par celluy ou ceux au service de qui il sera sans recours contre ledit capitaine qu'il en décharge dès à presant et au surplus renonce au bénéfice de la déclaration du Roy en faveur des engagez... »
L'acte est signé des parties à bord du navire à l'ancre sur la rade de la Rochelle, en présence d'un praticien et du clerc de M⁰ Guyon. notaire le 20 septembre 1708.

La déclaration du Roi à laquelle il est fait allusion contenait des mesures protectrices en faveur des Engagés que les colons traitaient avec plus de dureté que les esclaves. On voit comment les volontés du Roi étaient éludées, dans la pratique!

qu'elle arrête : le capitaine Legac brûle l'un, de valeur insignifiante, et emmène l'autre, armé de 4 canons et chargé de farines.

Le 28, arrivée à Carthagène. Sur l'invitation du gouverneur, le bâtiment français, à peine mouillé, se remet en mer pour donner la chasse à un corsaire ennemi qui vient d'apparaître au large.

Le 7 août, la *Vierge-Marie* se dirige vers Saint-Domingue avec un petit navire français qui a la même destination, l'*Aurore*. Rencontre d'une frégate et d'un « bateau » anglais ; l'*Aurore* est enlevée à l'abordage par le dernier (probablement un flibustier) et la *Vierge-Marie* est heureuse d'échapper à un ennemi très supérieur, après avoir eu 4 matelots blessés et le maître-charpentier tué.

Arrivée à la côte sud de Saint-Domingue. Le capitaine débarque à l'île Saint-Louis la cargaison et l'argent qui lui a été remis pour solder divers comptes et payer l'achat des denrées de retour : pour plus de sécurité (les flibustiers à pavillon noir[1], c'est-à-dire ne reconnaissant aucune nationalité, forbans sans foi ni loi, pullulent le long des côtes) il les expédie par terre au port de Léogane, où il amène son navire à quelques jours de là, adresse un rapport au juge-consul du lieu et dépose entre ses mains un double de l'inventaire des effets provenant des deux petites prises hollandaises, vendus à Carthagène (le produit s'élève à 1847 piastres) : 20 octobre.

La *Vierge-Marie* charge pour France à Léogane du sucre, de l'indigo, du cacao, des cuirs en poil, etc. Le 18 janvier 1710, elle quitte ce port pour effectuer son voyage de retour. Elle relâche à la Havane « pour faire de l'eau » (l'approvisionnement d'eau n'a pu être complété à Léogane, et c'est toujours là un gros objet de préoccupation pour les capitaines, à une époque où l'on ne possède point d'appareils à distiller l'eau de mer)[2].

---

[1] Avec une tête de mort, sinistre emblème de la guerre sans merci que ces bandits de la mer font aux marchands pour la satisfaction de leur cupidité et de leurs goûts cruels autant que crapuleux.

[2] Le principe a été découvert dès le XVIe siècle (Jean Anglicus, André Laguna); mais la question pratique n'est sérieusement agitée qu'au XVIIIe (Lind, Poissonnier) et elle n'entre dans le domaine des réalisations qu'au commencement du XIXe, à la suite des travaux de Keraudren, Clément Desormes et Freycinet.

Au débouquement du canal de Bahama, coup de vent du N.-O[1], qui dure 5 jours et occasionne d'assez sérieux dommages au navire et à sa cargaison.

Le 25 février, par 42° 43' de lat. N. et 337° de long. O., rencontre d'un bâtiment anglais, la *Marie* de Plymouth, allant à Boston avec un chargement de toiles et de câbles : l'anglais amène au premier coup de canon de la frégate française.

La *Vierge-Marie* est déjà près des côtes bretonnes ; l'équipage et le capitaine se bercent de la douce espérance de fouler bientôt le sol bien aimé de la patrie, après avoir échappé aux dangers des vents et des flots, aux croisières ennemies et aux pirates[2]. A 40 lieues au S.-O. d'Ouessant, trois navires se présentent ! Faudra-t-il donc combattre avec des chances inégales à si petite distance du port d'armement ! Hélas ! Les marins sont exposés à de tels jeux du sort ! Mais non. Deux de ces navires, un suédois et un hollandais, sont munis d'un passeport du Roi de France, qui leur confère la neutralité. Le troisième est bien un ennemi, mais de force inférieure et d'ailleurs démâté et privé de son gouvernail par un coup de vent. C'est un hollandais de 24 canons, revenant de Corossol (Curaçao) à Amsterdam avec un chargement de cacao, de cuirs, de bois de teinture, etc., et nommé la *Chandelle Brûlante* ; il se rend sans essayer de combattre. Le capitaine Legac, malgré la proximité de Brest, estime trop difficile et hasardeuse la conduite du navire, très avarié, jusqu'à ce port ; il fait transborder sur la *Vierge-Marie* le meilleur de la cargaison et 25 sacs d'argent trouvés par son écrivain dans la cabine du maître[3], et brûle ensuite le bâtiment.

Le 12 mars 1710, dix mois après son départ Gabriel Legac rentre dans le port de Brest. Mais il n'y demeure guère. Après une courte relâche, il se dirige sur Nantes, où les règlements et sa commission

---

[1] Un de ces terribles *nortes*.comme disent les Espagnols, qui déterminent de si grands ravages dans ces parages et dans toute l'étendue du golfe du Mexique.

[2] Les barbaresques se hasardaient parfois jusqu'à « l'ouvert » de la Manche.

[3] A la liquidation de la prise, les 4878 piastres que renfermaient ces sacs sont estimées par le contrôleur de la monnaie à raison de 35 l 18 s. 4 d. le marc, à une valeur de 17000 l. Tous frais et prélèvements déduits il revient sur cette somme à l'équipage, pour un tiers, 4757 l., à l'armateur et aux intéressés dans l'armement, 9515 l.

l'obligent à décharger. Il dépose à Brest entre les mains de l'autorité maritime, les prisonniers de guerre qu'il a à son bord, adresse aux officiers de l'amirauté un rapport sur les circonstances de son voyage et les conditions de sa relâche, et, en même temps, remet au lieutenant-général de la juridiction, une plainte contre son maître-canonnier, prévenu du vol d'un sac d'argent à bord de la *Chandelle Brûlante*. (Ces sortes de *pilleries* sont des plus ordinaires et donnent lieu à nombre de procédures criminelles par devant les sièges d'amirauté).

Le rapport que je viens de résumer, s'il donne une idée générale des obligations qui incombaient à un capitaine dans un voyage aux îles d'Amérique, des péripéties que pouvait offrir une traversée, laisse dans une ombre fâcheuse les opérations commerciales. Je suis en mesure de combler cette lacune à l'aide de plusieurs documents relatifs à des armements similaires de 1711 et 1712. Les capitaines n'avaient pas seulement, dans tous les cas, à débarquer en certains lieux déterminés les cargaisons confiées à leurs soins, à se mettre en relation avec des correspondants qui leur tenaient prêtes les denrées coloniales à charger pour le retour. Les opérations comportaient souvent une *traite* de nature particulière. L'on devait, dans les pays où la chasse des bœufs sauvages était habituelle, s'aboucher soit avec les indiens de la côte-ferme (Guyannes, Caracas, etc.), soit avec les boucaniers de Saint-Domingue et de l'île de la Tortue, pour obtenir d'eux, contre échange d'objets à leur usage, des viandes boucanées ou à saler sur place, que l'on allait vendre ensuite dans les îles (elles se consommaient sur les habitations, où l'on avait à nourrir de nombreux esclaves). Le produit de cette vente, d'après les instructions des armateurs, servait à solder, auprès des correspondants, les livraisons des denrées à ramener en France. Il y avait, dans cette combinaison, lorsqu'elle était remplie avec intelligence, matière à de très beaux bénéfices.

Malgré l'intérêt historique et économique que présentent les documents d'armements, à cette époque déjà lointaine, je craindrais de lasser l'attention des lecteurs en leur donnant ici une place trop étendue. Je me bornerai à en citer un seul, mais très caractéristique, je le reproduis en entier et textuellement.

Projet d'armement en commerce (pour Cayenne et les îles françaises d'Amérique) de la frégate la *Fidelle*, de Brest, d'environ 250 tonneaux, armée de 26 canons, et de 80 hommes d'équipage, sous le commandement de M. du Portail (le Sr Delâtre, armateur principal).

Sçavoir :

Pour l'achat de la frégatte toute gréée suivant le traité avec ses canons et armes............................	42.000 l.	
Pour les futailles à eau............	800	
Pour 2 milliers de poudre.........	1.000	46.000 l
Pour divers ustenciles de rechange.	1.200	
Pour la carenne..................	1.000	

ARMEMENT :

Pour 4 mois d'avances à l'état major.	2.140	
Pour 4 mois à 80 hommes[1]........	8.000	
Pour la table de 6 officiers majors à 45 l. par mois pour chacun et pour 6 mois...................	1.620	12.160 l.
Pour les médicaments.............	400	

Pour les vivres de 13 mois, y compris le mois de journallier[2] à 90 rations par jour à 8^s 9^d chacune................................. 15.553 l.   2^s   6^d

                                                                                73.713 l.   2^s   6^d

---

[1] Sur un rôle d'équipage de 1718 (celui de l'*Angélique*, appartenant au s^r Bureau de la Rochelle, armée à Brest pour les îles, sous le commandement du sieur Cholennec), les salaires sont ainsi détaillés (ceux du capitaine et du chirurgien exceptés ; chaque individu embarqué a touché 3 mois d'avances) : par mois, pilote 40 l., contre-maître 36, maître charpentier 30, bosseman 24, maître-calfat 21, matelots 24, 19, 18, 16, 15, 13 et 12 l. ; mousses 7 l. 10^s et 6 l.

[2] *Mois de travail à l'armement dans le port.*

CARGAISON :

Pour 1000 quarts à viande à 50ˢ pièce.	2.500 l.	
Pour le sel nécessaire.............	1.200	
Pour 200 barriques en bottes pour le suiff.........................	300	
Pour couteaux flamans pour les sauvages........................	500	
Pour 4 barriques d'eau-de-vie.....	328	7.000 l.
Pour divers ferrements pour la troque........................	300	
Pour 3 chaudières à suiff et ustenciles.	300	
Pour cercles et ozier.............	272	
Pour cercles de fer..............	1.000	
Pour ustenciles de tonneliers......	300	
TOTAL DE LA MISE DEHORS......	80.7.3 l.	2ˢ 6ᵈ

PRODUIT DE LA TRAITTE :

On estime que quand on ne trouvera pas les sauvages sur la coste, on poura tuer au moins mille bœufs pézent 800 l. chacun, desquels on ne tirera seulement que mille barils de bœuf, que l'on portera vendre à la Martinique, à 30 l. le baril, qui produiront la somme de.....	30.000 l.	97.500 l.
Pour 150.000 l. de suiff à 45 l. le quintal.......................	67.500	

EMPLOY AUX ISLES :

300.000 l. sucre blanc à 24 l. le millier.......................	72.000	
80.000 l. cacao à 5 sous...........	20.000	97.500 l.
Frais aux isles...................	5.500	

VENTE EN FRANCE :

3oo.ooo l. sucre blanc à 5o l. le millier...	150.000	
80.000 l. cacao à 12 s. la livre......	48.000	216.000 l.
1.000 cuirs à 18 l. pièce..........	18.000	
Pour le produit des marchandises de troque aux isles, ne trouvant pas les sauvages.	4.000	
Pour ce que l'on estime que la fregatte vaudra au retour..........	25.000	29.000 l.
N. qu'il faut donner à Cadix au retour avec les sucres et cacao dont le produit et celuy de la cargaison que l'on prendra en échange pour Rouen, montera à 20.000 écus de plus.................................		60.000 l.
TOTAL DU PRODUIT GÉNÉRAL :...		305.000 l.

Sur quoy il faut déduire :

La mise dehors.................	80.713¹ 2ˢ 5ᵈ	
Pour 9 mois d'appointemens d'officiers........................	4.815	105.418 l. 2ˢ 6ᵈ
Pour 7 mois de table....	1.890	
Pour 9 mois de solde............	18.000	
TOTAL DES PROFFITS :......		199.581 l. 17ˢ 6ᵈ

Si l'on trouve les sauvages, on chargera des cuirs et de suiff pour faire le retour en France ; les profits ne seront pas si grands, mais le voyage sera plus court, à moins que l'on ne donnât aux isles pour vendre le suiff et prendre du sucre.

Fait à Brest le 16ᵉ décembre 1712 et promets qu'il ne sera rien changé dans la destination de lad. fregatte. DELATRE.

Mais revenons aux Legac.

Le père est mort. L'aîné des fils l'a remplacé dans son titre et dans sa qualité de chef de la maison. Charles reste à Nantes et Gabriel continue à naviguer comme capitaine. Les trois frères demeurent très unis. On les retrouve, en 1714, à la tête d'un armement pour Buenos-Ayres ; Gabriel Legac a signé, en son nom et pour ses frères, le 25 janvier, un traité avec la compagnie de l'Assiente, traité d'après lequel il ira à Buenos-Ayres « prendre chargement de cuirs et autres effets pour le compte de lad. compagnie ; » mais la cargaison d'aller appartient aux armateurs et autres intéressés, qui seront libres de s'en défaire au mieux de leurs intérêts au point d'arrivée. Le navire a été acheté ; c'est une ancienne prise portugaise, confisquée sur des Français, à la suite d'une infraction aux lois commerciales, le *Saint-Antoine de Padoue*. Comme les frais de l'armement sont élevés, les risques à courir assez gros, l'entreprise est montée par une société. Les s^{rs} De La Rue, Sauvage fils et Bérard sont intéressés pour une moitié ; ils cèdent le navire, bien radoubé, gréé et équipé au s^r de Larmorique, directeur de l'armement, pour la somme de 35,000 l., et ils lui reconnaissent une allocation de 2 p. o/o pour ses débours, une autre d'égal taux pour la réception de « l'emplète », c'est-à-dire de la cargaison destinée à l'Amérique, dont la composition et l'achat sont laissés au s^r Bérard et à ses consorts. Gabriel Legac, capitaine du navire, sera chargé de « la vente et jestion de l'emplète », et il lui sera alloué pour commission 5 p. o/o sur le produit des opérations ; il choisira, « de concert avec son frère armateur, m^{rs} de La Rue et Bérard, le officiers majors..., dont le nombre a été fixé à un capitaine, uns second, un lieutenant, un enseigne et un écrivain ». Le désarmement se fera au port de retour, Brest, qui est celui de l'armement, « et trois mois après l'arrivée et retour, le navire sera vendu par l'amirauté afin d'en solder les comptes ».

Là s'arrêtent les documents que j'ai pu recueillir sur la maison commerciale des Legac, et en particulier sur Gabriel Legac, capitaine au long-cours. Celui-ci était l'exécutant principal dans les combinaisons arrêtées par le père et l'aîné de ses fils ; il joignait à l'habileté dans le négoce, l'expérience et le sang-froid du marin. Il m'a semblé qu'un exposé sans phrases de l'existence de cette famille, à la période la plus active de son extension commerciale, et d'après un choix de pièces authentiques, n'était pas dépourvu d'intérêt, au point de vue de l'histoire de notre marine marchande. Je suis d'ailleurs bien certain d'avoir exhumé, dans ce mémoire, un genre de documents trop peu connus, et dont l'aridité apparente est compensée par les enseignements rétrospectifs. N'oublions pas que nous vivons dans une région maritime et que rien des choses et des hommes de notre ancienne marine ne saurait être dédaigneusement accueilli dans cette région, où l'on compte 2 grands ports de guerre, et deux ports commerciaux demeurés de grande importance, bien qu'à des degrés inégaux, Nantes[1] et Saint-Mâlo.

[1] Avec son annexe Saint-Nazaire.

Vannes. — Imprimerie LAFOLYE, 2, place des Lices.

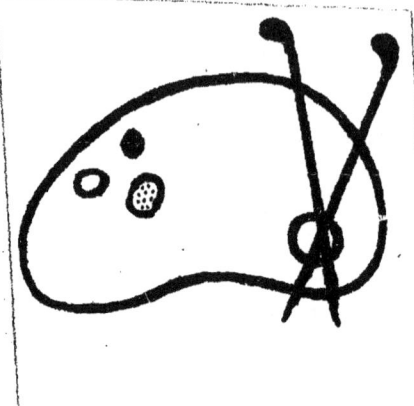

Original en couleur
NF Z 43-120-8

www.ingramcontent.com/pod-product-compliance
Lightning Source LLC
Chambersburg PA
CBHW060928050426
42453CB00010B/1899